****

LUMIÈRE DE VERS

****

****

Patrick Édène

****

Écrire, c'est comme peindre par des mots le tableau de son âme !

Patrick Édène

© 2024 Patrick Édène
Édition : BoD · Books on Demand, 31 avenue Saint-Rémy, 57600 Forbach, bod@bod.fr
Impression : Libri Plureos GmbH, Friedensallee 273, 22763 Hambourg (Allemagne)
ISBN : **978-2-3225-3566-8**
Dépôt légal : novembre 2024

DU MÊME AUTEUR

Sur BoD

Confidence poétiques

Messages d'un poète

Fleurs de vers

La trilogie d'Édène

Contemplations et fantaisies

Femina

La merveilleuse alliance

Multiple monde

Versitude

Fables et fantaisies d'Édène

Le pont des mondes

Le Grand destin

Trésors poétiques

PRÉSENTATION

Je précise, ci-dessous, les motivations qui m'ont fait choisir une forme poétique personnelle plutôt que celle à laquelle elle ressemble et qui est nommée classique.

Ce qui m'intéresse en poésie, c'est que les nombres réguliers des syllabes des vers et les fins de ces vers écrites en rimes font, pour ainsi dire, chanter les concepts des poèmes dans l'esprit de celui qui les lit. Ainsi, l'œuvre emporte le lecteur au cœur de mélodies sonores et conceptuelles qui peuvent alors faire écho au chant divin de son âme. La poésie libre étant le plus souvent sans rimes et sans nombres réguliers de syllabes, elle ne peut donc me convenir à l'instar de la poésie classique trop codifiée.

Par conséquent, j'aime que mes écrits riment, que les syllabes des vers harmonisent le poème et qu'ainsi les sons et les sens des mots s'unissent dans un accord étroit pour créer une symphonie poétique ! Cela exprimé, les règles que j'emploie faisant partie de la poésie classique, elles me confrontent à ses autres règles complexes que je considère excessives et que je ne cherche pas à appliquer. Ces règles ont été précisées et codifiées par François de Malherbe (1555-1628) et Nicolas Boileau (1636-1711), et ont donc été appelées la poésie classique.

Selon mon propre calcul, j'applique un même nombre de syllabes pour les vers d'un poème, les élisions qui sont les non comptages des syllabes des fins de mots en « e » devenant, ainsi, des syllabes muettes si elles se trouvent devant un autre mot qui commence par une voyelle et les rimes que j'essaie de rendre parfaites.

Mais je ne veux pas, par exemple, limiter ma créativité par les formes fixes de la poésie classique telles que sonnet, pantoum, ballade, triolet, villanelle, rondeau, rondel, lai, iambes et terza rima. Leurs structures pourraient réduire les possibilités des précisions conceptuelles que je jugerais primordiales pour mon œuvre. De temps à autre, certes, par plaisir du challenge ou par désir d'expérience personnelle, je peux choisir la base de l'un de ces modèles si j'estime pouvoir réussir à lui donner l'expression exhaustive de mon propos. D'ailleurs, j'invente, comme tout auteur de poèmes peut le faire, des formes qui peuvent devenir un jour, pourquoi pas, des formes fixes pour ceux qui les aimeraient.

Je ne me préoccupe pas des diphtongues, appelées diérèses pour lesquelles on compte deux syllabes dans les mots qui contiennent deux voyelles qui se suivent ; à mon avis, cette règle perturbe la beauté rythmique d'un vers contenant un tel mot, puisqu'à notre époque nous ne les prononçons pas en deux sons. Victor Hugo, par exemple, compta deux syllabes dans le mot « lion » de l'un de ses poèmes, mais peut-être qu'à son époque les gens prononçaient li-on. Je ne m'occupe ainsi que de la prononciation actuelle des mots qui ont deux et parfois trois voyelles qui se suivent et non des règles classiques à ce sujet. « Lion » et « mieux » sont des mots qui ne créent qu'un seul son, et par conséquent, qu'une seule syllabe. Quand il y a deux sons dans la prononciation contemporaine de tels mots, cela arrive, je compte évidemment deux syllabes.

Je n'applique pas l'obligation d'écrire un mot commençant par une voyelle quand le mot qui le précède se termine par une voyelle alors qu'il est placé à la césure d'un vers. Je ne m'oblige pas à écrire après un mot finissant par deux voyelles, un mot commençant par une voyelle ; même si je respecte que des poètes utilisent ce genre d'obligation pour penser qu'ils écrivent ce qui est l'idéal en poésie que je considère, pour ma part, défavorisé par ce genre de règle.

Je ne cherche pas à éviter les échos qui sont des mots aux sons qui se ressemblent et placés dans un même vers ou dans deux vers proches l'un de l'autre. Je ne m'occupe pas d'éviter les mots qui contiennent des hiatus qui sont, selon les règles classiques qui n'en tolèrent que quelques-uns, des heurts entre deux voyelles dans un ou deux mots tels que « aérée » et « il y a ». Si mon poème l'exige, j'unis une rime masculine à une rime féminine quand leurs sons et leurs sens enrichissent mon propos. Qui plus est, cela me semble ainsi correspondre à la loi la plus puissante de la nature ! Pour les mêmes raisons de richesse de sens, je ne me préoccupe nullement de l'interdiction de lier des rimes au pluriel et au singulier. Je rejette les licences que s'autorisent un peu facilement les poètes classiques qui changent ainsi l'orthographe des mots. Et j'évite le plus possible les enjambements, les rejets et les contre-rejets qui découpent les phrases en morceaux pour utiliser les derniers mots de ces parties de phrases en tant que rimes.

En ce qui me concerne, je tente simplement d'atteindre, à ma manière, la plus belle union possible de sens et de sons pour chacun de mes poèmes et j'espère, chère lectrice et cher lecteur, que vous penserez que j'ai eu raison !

Nous sommes dans l'univers, donc l'univers est en nous !
Patrick Édène

Certes, il y a autant d'idées sur les causes de l'existence et sur la réalité des âmes que de gens qui existent, et cela est totalement respectable, car qui aurait l'audace d'affirmer que c'est lui qui détient la vérité de ce qui ne se voit pas ?

Les mystères de l'origine de l'existence, de sa présence sur la terre et de la présence même de l'univers sont des défis pour la conscience et pour ce que l'humanité appelle la science.

Mais ceci n'est pas une raison pour occulter l'évident constat que des savoirs spirituels enseignés par diverses écoles initiatiques qui ne partagent pas leurs connaissances, aboutissent aux mêmes affirmations.

Il est donc juste de ne pas rejeter pour faux, sans analyse, les déclarations de ces traditions qui proposent l'étude des âmes et de leur créateur nommé de plus de noms que seulement Dieu selon les érudits qui en parlent.

Ce livre est la proposition faite au lecteur, de se laisser guider dans un parcours poétique où chaque sujet émane d'une perspective différente faite pour contempler une certaine lumière intérieure.
Il n'y a que la clarté en soi qui puisse découvrir les splendeurs du monde des âmes ! De nombreux aspects de spiritualité sont ici déposés sur les pages de l'ouvrage pour rendre attrayant le voyage !
Bonne route !

Chacun, ou chacune, possède en soi son destin divin !

LE SENTIER DES ÂMES

Le regard curieux concentré autour de lui,
L'enfant contemple soudain la lampe qui luit
Et l'éclaire dans son berceau qui le protège
Et où, pour l'amuser, tourne un petit manège.

Puis il est déjà debout et joue à marcher,
À être une princesse ou un guerrier archer.
Il apprend aussi à courir et à chanter
Et à subir des contres et à déchanter.

Alors il est adulte et comprend l'existence,
Du moins qu'il faut travailler pour sa subsistance.
Il sait aussi se réjouir et se satisfaire
Par des activités qu'il faut avoir et faire.

Puis il découvre que la vie est un mystère
Qui l'interpelle, l'étonne et le fait se taire
Tellement les interrogations sont immenses,
Ne serait-ce que le miracle des semences.

Il sait qu'autour de lui s'activent ses semblables,
Qu'ils sont selon les cas, mauvais ou admirables,
Mais que tous pourtant ont en eux de grands pouvoirs
Tels que ceux permettant de réfléchir et voir.

Puis il finit par découvrir que c'est en soi
Que les secrets se révèlent quand il s'assoit
Et qu'il médite sur ce qui le constitue,
Comme sur les bienfaits de toutes les vertus.

C'est le sentier des âmes que suivront les êtres
Jusqu'au jour où tout vraiment devra disparaître,
Quand chacun d'eux sera redevenu un maître
Et que les créatures cesseront de naître !

L'AILLEURS

Un regard de songe approche l'éternité
Au-delà des envies, des désirs et passions,
Dans le sommeil ouvrant l'esprit aux libertés
Quand le corps, du repos, a pris la position.

Alors temps et espace unis en un seul centre,
Sont soumis à l'être voyageur qui regarde,
Comme l'amour de la femme enceinte et son ventre
Sont dédiés à l'enfant que neuf mois elle garde.

Une seconde fait mille ans réellement
Car chaque pouvoir y est libre et révélé,
Sans sens limités qui créent les égarements
Et sans la matière empêchant de s'envoler !

La lumière est la voie que la conscience suit
En voyageant sur elle en toute fluidité,
Pour découvrir l'âme faisant dire : Je suis,
Et saisir de soi, peu à peu, l'éternité !

QUESTIONS

Tout ce qui existe dans l'espace
N'est-il en fait que du temps qui passe ?
La vérité est-elle autre chose
Que la source cosmique des causes ?

Le temps n'est-il ainsi qu'un rapace
Qui avale ses proies dans l'espace ?
Temps et espace sont-ils le corps
De l'univers qui est plus encore ?

Un astrophysicien dit enfin
Qu'il semble n'y avoir pas de fin
Au cosmos dont la matière noire
Retient ce que pousse l'énergie noire !

Est-ce donc ça qui fait l'équilibre
Des galaxies qui tournent et vibrent ?
Le mouvement est ce qui avance
Mais qu'est-ce qui pourtant le devance ?

Existe-t-il un espace ailleurs
Où d'autres conditions sont meilleures ?
Nos esprits sont-ils ce qui voit tout
Lorsqu'ils regardent en eux partout ?

Voici là des questions au lecteur
Pour qu'il en soit ainsi le vecteur,
Et qu'elles brillent alors en lui
Comme la lune éclaire la nuit !

MON ÂME

Bercé par les chants sacrés des chorales divines,
Voilà le charme de tes voix, le son de tes mots
Et l'effet de tes paroles suaves et fines,
Qui ôtent en moi les plus terribles de mes maux !

Frôlé par le souffle de ta nature subtile,
Voilà ton essence, ta douce force de paix
Et le pouvoir de tes ondes claires et fertiles,
Qui me sauvent des gouffres remplis d'un noir épais.

Du cœur de l'absolu d'où rayonne l'univers,
Tu m'étreins sans m'écraser et entres sans forcer
En mon esprit ravi et pour toi toujours ouvert,
Puisque tu l'aimes sans cesse et viens le renforcer !

Ma chair résonne sous l'influx de tes décisions,
Par le battement de la vie qui s'exprime en moi
Et que tu contrôles avec grande précision
Pour que je réussisse à vaincre tous mes émois !

Mes pensées cherchent l'harmonie où elles seront
Baignées par ta source qui jaillit de maints endroits,
Unies à l'infini symbolisé par le rond,
Et ceintes de sagesse connaissant les vrais droits !

Ma conscience a focalisé son faisceau sur terre,
Pour y vivre de nombreuses envies et errances
Et finir sa course en purifiant son caractère
Par ton feu invisible ou qui n'a pas d'apparence.

Je dois m'unir à toi comme le font deux aimants,
En découvrant le secret des hommes et des femmes,
Ce mystère qui fait que s'unissent les amants,
Et terminer enfin mon voyage en toi, mon âme !

FOI

S'il est vrai que les anges réalisent les rêves
Comme les arbres façonnent leurs fruits par la sève,
Nos désirs sont bien les racines de nos prières
Qui doivent monter au ciel, comme le font les lierres,
Pour étendre leurs parures de reconnaissance
Jusqu'au-devant de ces brillants êtres sans naissance !

C'est seulement si nos vœux sont portés par la paix
Espérée pour les autres, incluant le respect,
Tout en offrant aux divinités, cela sans doute,
Les fruits d'amour de notre conscience alors absoute
Par l'acte mental de s'aimer et se pardonner,
Que notre foi parfaite, alors, peut tout nous donner !

Si nous ne croyons pas pouvoir vraiment recevoir
Un présent, un cadeau ou un bien, comment l'avoir ?
Nous ne ferons réellement rien pour l'obtenir,
Rien également pour qu'il puisse enfin advenir,
Et nous douterons toujours plus des pouvoirs de Dieu
Et de ses ministres vivant pour nous dans les cieux !

Nous devons donc apprendre à mieux imiter les arbres
Et non demeurer immobiles comme le marbre !
Nous devons déployer sciemment notre certitude
Au-dessus des ronces, des murs et des servitudes,
Pour désobéir à tout ce qui nous interdit
L'accès aux richesses et à ce qui fut prédit !

RÉVÉLATIONS MAJEURES

La ligne commence par le point,
Sinon, elle n'existerait point !
L'univers est ainsi expansif
Comme l'esprit d'un homme pensif !
Le plus est le multiple du moins
Qui est, étonnamment, plus ou moins
Issu d'emblée, du plus infini
Qui, de sa source, le définit !
La division n'a pas de limite
Et l'inverse aussi puisqu'il l'imite !
Le néant n'est qu'une fausse idée
Comme le hasard d'un jeu de dés !
Du vide rien ne peut advenir
Puisque sans passé, pas d'avenir !
Par le grand, il y a le petit
Qui devient grand près du plus petit !
Ce qui est là prend sa source en rien,
Et rien ne peut être moins que rien !
En tout vibre l'essence de tout
Que l'on trouve absolument partout !
Ces mots montrent des faits rationnels
Prouvant que nous sommes éternels !

DU PEU AU TOUT

Le temps, par degrés, crée l'évolution de l'homme,
Ce pourquoi il fallut qu'Adam mangeât la pomme ;
Entouré de pilastres qui portent son temple,
Il doit rendre son esprit de plus en plus ample
En méditant au sujet de la vie sur terre,
Afin d'en comprendre les causes et les mystères.

Le parcours est dantesque puis soudain s'éclaire
Comme les nuages où apparaît l'éclair !
À chaque niveau, les expériences s'imposent,
Dures comme les statues antiques qui posent,
Et sublimes comme elles et leurs créateurs
Qui enseignèrent autant que les orateurs.

Fait par fait, constat par constat, science par science,
Le retour à l'âme se fait par la conscience,
Surtout par des pratiques de méditations
Qui génèrent de magnifiques perceptions.
L'élévation de soi est un travail constant
Qui n'interdit pas des plaisirs rendant content.

Il est meilleur de comprendre par des études
Que par des souffrances, c'est une certitude.
C'est plus qu'un voyage entre le mal et le bien
Car c'est voir, entre l'homme et la femme, le lien
Qui a tout créé dans le monde et la nature
Pour le retour, à Dieu, de ses deux créatures !

L'ÉGO

Voici la naissance et chacun de nous n'a rien.
Nous venons au monde pour connaître le bien
Par ce qui lui est contraire, ainsi dit le mal,
Après avoir vécu par le règne animal
Et, avant aussi, par celui du végétal
Qui suivit celui que l'on nomme minéral.

Nous ne possédons que nous-mêmes par le corps
Qui, déjà, nous condamne à connaître la mort,
Et tout ce qui nous entoure est notre univers,
En premier les couleurs tels le rouge et le vert,
Mais aussi l'éclat du sourire d'une mère
Ou le délicat baiser d'un chaleureux père.

De multiples pensées et choses extérieures,
Font de notre être une identité inférieure
˘ À ce que nous sommes en nos cœurs, en essence
Mais que nous oublions à cause de nos sens
Qui projettent uniquement notre conscience
Au sein des limites que refusent les sciences.

Nous créons ainsi une fausse idée de soi
Avec laquelle nous vivons malheurs et joies
Relativement à ce que le temps propose,
Selon nos actions passées qui en sont la cause
Parce que nous voulons être heureux, non moroses,
Dans un monde de matière peu souvent rose.

Nous entassons alors d'innombrables trésors
Qui sont inutiles à l'authentique essor
Pour lequel nous naissons et que nous devons prendre,
Avant que nous soyons réduits en tas de cendres,
Pour nous libérer de tout ce qui fait descendre
Et rencontrer notre âme en train de nous attendre !

GENÈSE

Une main divine est venue sculpter le monde
Que de leur souffle, les anges ont alors poli
Pour faire de notre terre une forme ronde
Tournant sur elle-même, comme une poulie !

Tel un diamant sacré dans la paume de Dieu,
Notre boule céleste a été déposée,
Entourée d'air et de tendresse, en son beau lieu,
Et d'un geste délicat y fut arrosée !

Alors, la mer jaillit et la vie apparut,
Inconsciente d'elle-même et partout vibrante,
Gagnant avec force son dû mais en mourut
À chaque fois que le temps réclama sa rente !

Ainsi, aux moindres endroits de tous les pays,
L'évolution se fit pour comprendre la cause
Qui engendre les malheurs qui sont tant haïs.
Et des sages sont nés par leur métamorphose !

Si vous en rencontrez un non loin de chez vous,
Écoutez ses paroles, suivez ses conseils,
Car si vous ne le faites pas, vous êtes fous
Ou vous êtes ignorants, ce qui est pareil !

Quelle personne qui édifie sa raison,
Voudrait garder son ignorance et sa folie
Qui sont, pour son esprit, des ignobles poisons
Et au jugement de Dieu, pour elle un délit ?

Une main divine sculpta aussi nos corps
Avec l'outil béni que les anges ont porté,
Pour que la conscience apprenne à vaincre la mort
Dans l'espace et le temps formés d'éternité !

Tout fut fait simultanément comme toujours :
Tourbillons d'énergie, lumières et matières,
Et le monde où alternent les nuits et les jours
Qui ne sont, entre eux, que de trompeuses frontières !

C'est ainsi qu'apparurent les pluralités
Pour distinguer chaque élément de l'Absolu,
Et de même les individualités
Auxquelles le trésor de Dieu est dévolu !

LES INSTANTS

Instants coulant comme les eaux des rivières,
Toujours présents et quelque peu différents,
Mais en nature au moins, toujours similaires
Selon les durés dont ils sont les garants !

Instants délimitant nos vies temporelles,
Ces châteaux de sable, soufflés par le vent,
Qui nous échappent en rendant irréelles
Nos actions passées et notre joie d'avant !

Instants emperlés sur le collier du temps,
S'égrenant durant notre continuité
Mais qui, par les saisons, refont le printemps
En nous montrant qu'existe l'éternité !

Instants lumineux projetés dans nos yeux
Ou moins vite, en nous, en des ondes sonores,
Gravant dans nos esprits les objets du lieu
D'où tout provient : les âmes, les vies, les corps !

Instants de passion, de rêve et de beauté,
De douleur, de malheur et aussi de haine ;
Vous marquez nos cœurs du désir : Liberté
Et montrez ainsi que la vie n'est pas vaine !

Vous imposez notre mort et nos absences
Alors que vous prouvez, hors nos apparences,
Que tout continue par vous en tant que cause
Puisque vous êtes la nature des choses !

MATÉRIALISME

Ah ! Bonheur éphémère
Qui rend souvent amer
En étant gains et pertes
Ou vie puis corps inerte ;
Par lui on se fourvoie
Et l'on a peu pour soi
Quand, faux et extérieur,
Il illusionne ou leurre !

Ah ! Bonheur qui nous ment
En faisant le serment
Que l'on peut le tenir
Sans jamais le ternir ;
Il nous tente et nous tue
De sa joie qui fluctue
Car il comble puis frustre
De sa saveur illustre !

Ah ! Bonheur éphémère,
Le seul motif des guerres,
Qui prouve que sa voie
N'est pas celle qu'on croit ;
Il montre le chemin
De sa divine main
Et qu'ainsi autre chose,
Du bien-être, est la cause !

De lui jamais repus,
Vaincus par ses refus,
Il faut faire l'effort
De trouver sain et fort,
Le bonheur véritable,
Incessant et durable,
Là où seul il demeure,
Dans l'âme où rien ne meurt !

DUALITÉ

L'épreuve de ta mission dans un corps unique,
Je sais mon ami que cela crée ta panique.
Le piège matériel limitant tes pouvoirs,
Je sais mon ami qu'il t'incite au désespoir.
Mais Dieu créa la mort pour que tu voies la vie,
Non les malheurs causés par toi quand tu dévies !

L'affliction par manque d'amour, qui te déchire,
Je sais mon ami qu'elle agit à t'en réduire.
Le mal bouillonnant qui provoque tant tes pleurs,
Je sais mon ami qu'il t'use de son ampleur.
Mais Dieu créa le court pour que tu voies le long,
Le faux pour que du vrai tu trouves le filon !

Les plaies profondes pouvant altérer ton corps,
Je sais mon ami que cela t'angoisse encore.
La frayeur de mourir lorsque vieillit ton sang,
Je sais mon ami tout ce que tu en ressens.
Mais Dieu créa le manque pour que tu voies tout
Et que le vide en toi n'est qu'illusion de fou !

Les gens aimés qui disparaissent à tes yeux,
Je sais mon ami que tu aurais voulu mieux.
La solitude qui pèse de sa lourdeur,
Je sais mon ami que tu en perds ton ardeur.
Mais Dieu créa l'absence pour que tu voies l'âme
Car c'est sa présence infinie que tu réclames !

RELATIVITÉ

Si nous ne subissions pas des obstacles,
Qui deviendrions-nous ? Qui serions-nous ?
Des gens condamnés à quelque débâcle !
Des exclus de soi-même ou des fous !

C'est dans le vide que l'on peut voler !
Les épreuves sont pour nous des leçons !
Pour comprendre nous devons dévoiler !
C'est par le corps qu'en esprit nous naissons !

Le tracas oblige à chercher l'issue ;
Il incite à trouver l'intelligence ;
Il projette par ce qui a déçu,
Son opposé dont nous prenons conscience !

Si nous ne vivions pas quelques problèmes,
Comment trouverions-nous leurs solutions ?
Si nous ne connaissions pas des dilemmes,
Comment améliorer la réflexion ?

La mort est la suprême fermeture
Et notre plus grande interrogation ;
Elle révèle enfin son imposture
À ceux qui vivent l'illumination !

Faire du mal pour obtenir du bien,
N'est pas assurément ce qu'il faut faire ;
Dieu par la loi karmique nous prévient
Que nous vivons afin de nous parfaire !

Contentons-nous de contempler les choses,
De voir que chaque effet est un miroir
Qui reflète ce qui en est la cause,
Et nous atteindrons notre âme et sa gloire !

CYCLES

Tel le sable mon corps deviendra,
Sans besoin de linceul ou de drap ;
Il ne dormira pas et vivra
Dans ce qui toujours est et sera !

Ainsi est la loi du mouvement,
En toute chose et tout élément,
Qui jamais n'est dans l'égarement
Et nous fait avancer sûrement !

Tel le vent mon âme volera,
Libérée, mais un jour reviendra
Pour toujours mieux voir la vérité :
Corps fugace et elle Éternité !

Ainsi est la loi du devenir
Impliquant celle de l'avenir,
Qui conduit à l'illumination
Et libère de la damnation !

NAISSANCE

Vibrant de l'appel de sa quête naturelle,
Installé en son nid, pondu selon la loi,
Un ovule reçoit, fonction intemporelle,
Sa semence qui s'active et qui se déploie!

L'univers ordonne alors, parfait architecte,
La construction du reflet de l'éternité
Que la rosée du corps, comme une pluie, humecte
Pour que la fleur donne le fruit de sa beauté !

Les forces agissent, les énergies s'enlacent,
L'espace est rempli, les lumières se confondent,
Le centre s'étend, chaque sujet prend sa place ;
La forme en devient la reproduction d'un monde !

Alors dans la paix de l'admiration humaine,
Dans l'oubli des conflits, des discordes et haines,
Dans les cris retenus des douleurs du devoir
De la femme qui se donne au mal pour sa gloire,
L'enfant surgit soudain du temple de l'amour,
Du souffle de son âme ouvre ses yeux au jour,
Crie pour approuver le courage de sa mère
Et sourit pour dire : arrêtez toutes les guerres !

TOUS ESSENTIELS

Les forces de vie en proviennent !
En chaque objet et chaque être,
En tout fait, quoi qu'il advienne,
C'est l'Univers, Le Grand Être !

Tout de tout sort de son antre,
Rien ne lui est extérieur !
Son centre est dans tous les centres !
Son cœur est dans tous les cœurs !

Comme la fine rosée
Reflète tout ce qui est,
Tout de lui est exposé
Montrant partout ce qu'il est !

Les éléments relatifs
Révèlent d'eux son essence ;
Positif et négatif
Sortent de sa quintessence !

Ainsi tout est un miroir :
Les faces d'une médaille,
Le blanc opposé au noir,
Le parfait envers la faille !

Sa grandeur n'est pas le vide
Qui vraiment s'il existait,
Dévorerait tout, avide,
Et deviendrait ce qui est !

Alors, lecteur ou lectrice,
Tu n'es pas sans importance
Car sans toi tout serait lisse
Ou, mieux dit, sans existence !

REPENTIR

Vie qui m'anime, ères et siècles du temps,
Rayons stellaires forgeant les printemps,
Énergie de tout, éternelle en moi,
Pouvoir créateur, Dieu unique et Loi !
Je parle à ta Conscience par la mienne,
Me prosternant pour l'unir à la tienne,
Pour t'avouer chacun de mes regrets
Et que tu voies que, de toi, je suis près !

J'ai eu tort, vraiment, de pécher sciemment
Ou de mal agir, fut-ce inconsciemment,
Que ce soit alors par simple ignorance
Ou pour vaincre autrui par vile appétence !
J'ai eu tort de cela par mes pensées,
Par mes mots et par mes actes passés,
Que ce soit de manières spontanées
Ou par calculs malsains et erronés !

J'ai eu tort de le faire par orgueil,
Par panique ou refus de quelque deuil,
Pressé de réaliser mes désirs,
Idolâtrant de pernicieux plaisirs !
J'ai eu tort de préférer l'indolence
Quand il fallait agir avec vaillance,
Et de profiter d'abus de pouvoir
Pour me réjouir de toujours plus avoir !

J'ai eu tort d'obéir à mes faiblesses,
D'oublier qu'advient toujours la vieillesse,
De chercher à ne jouir que par les sens
En m'écartant de ta divine essence !
Mais je sais ô Présence, vive lumière,
Puissance infinie même dans les pierres,
Que tu m'as créé pour vraiment connaître
Que l'Absolu est l'essence de l'être !

L'ESPACE UNIVERSEL

Il est aussi au cœur des choses,
Là où vibrent toutes les causes,
Ainsi surprenant et secret.

L'esprit savant souvent discret,
Sait cette vérité profonde
D'où provient la beauté du monde.

Étendues visuelles ou tactiles
Selon le sens qui est utile
Pour le saisir et le connaître.

Il est aussi au fond de l'être
Comme au-delà de tout objet,
Et lieu d'essence des sujets.

Toutes ses particules dansent
L'une avec l'autre, à leur cadence,
Pour s'aimer et s'unir enfin.

Il ne peut pas avoir de fin
Ni de réel début en lui,
Qu'il soit vide ou goutte de pluie.

Sa substance semble illusoire,
Voire invisible ou dérisoire,
Mais elle est présente en tous lieux.

Il est une partie de Dieu
Comme le temps également
Qui, lui, rythme le mouvement.

Producteur des belles étoiles,
Tel un peintre créant sa toile,
Infinitude temporelle,
Il est notre corps éternel
Et simultanément aussi,
Notre présent et notre ici !

CRÉATION

Il n'est pas difficile de comprendre,
Si Dieu est absolu et éternel,
Qu'il est, en conséquence, rationnel
De penser que tout ne peut que dépendre,
Pour être présent ou pour exister,
De la substance de son unité ?

Facile est ainsi de prendre conscience
Que dans le grand se trouve le petit,
Que chaque entrée contient une sortie
Qui la conduit au sein de l'omniscience
L'ayant créée pour sa belle aventure
Et qu'elle connaisse sa vraie nature !

Comment ou pourquoi douter d'un tel fait
Car du néant rien ne peut advenir ?
Parbleu ! Sans passé n'est pas d'avenir
Et sans présent rien ne peut être fait ;
Il faut une source pour que tout soit
Et, pour le savoir, nul besoin de foi !

Le moins, donc, est contenu dans le plus
Et lorsqu'il s'efface, il est pourtant là
Car ce qui, de lui, était au-delà,
Constant et inégalé processus,
Grandeur originelle illimitée,
Exprime toujours la réalité !

Ainsi, l'immensité de l'univers
Est le langage de l'éternité
Dont le verbe de la divinité
Peut écrire des mots, comme ces vers,
Certes, mais au pouvoir de création
Sans limite, aucune, de formation !

VÉRITÉ

Dieu se contemple dans la conscience de l'homme !
Il créa la terre pour cet avènement.
Des monuments furent bâtis, tels ceux de Rome,
Pour vivre, par intuition, cet événement !

L'homme se perçoit dans la conscience de Dieu !
Il vit en ce monde pour trouver la lumière.
Certes, il subit les ténèbres de ce lieu
Car c'est en elles que la clarté se voit mieux !

À chaque mal, à chaque malheur, l'esprit ploie
Puis comprend qu'il est bien plus grand que la matière,
Qu'il est plus fort que les limites qu'elle emploie,
Et qu'il a des ailes d'ange s'il les déploie !

LES OPPOSÉS DU TEMPS

Pour la vieillesse et la mort,
Chaque seconde est comme un marteau qui cogne
En rythmant, ainsi, la terrible besogne
Du temps pour les croque-morts !

Quand vient la fin des instants
Au cadran des chairs, dans un bruit d'os fêlés,
La bouche et les yeux sont fermement scellés
Par le sceau d'un poids constant !

Au déclin physique, alors,
Se fait celui des idées vaines et fausses,
Franchement jetées dans la commune fosse
Où tout disparaît dès lors !

Peu à peu, dans l'extinction
Que la vie semble subir sur cette terre,
L'esprit qui vient d'ailleurs, comprend les mystères
Et détruit les obstructions !

La paix en lui s'établit,
L'amour limpide illumine sa conscience,
Le savoir parfait unit secrets et sciences
Et la tâche est accomplie !

Le brasier des torts s'éteint
Car les âmes ont amassé leur trésor
D'avoir œuvré pour changer le plomb en or,
Et que brille leur destin !

Chacun voit cette beauté
Dans son parcours entre la terre et le ciel,
Qui estompe ce qui est superficiel
Et montre l'éternité !

LA ROSE ET LA CROIX

La croix du monde étend son ombre
En chaque lieu de nos naissances
Et plonge, en tout ce qui est sombre,
L'esprit qui reprend connaissance.

Elle crucifie, par envie,
Le sommeil honteux de nos âmes,
Pour réveiller en soi, la vie
Qui vibre dans l'homme et la femme !

Chacun portant ce grand fardeau,
Apprend à muscler de lumière,
Son vieux corps qui courbe le dos
Sous le lourd poids de sa matière.

Puis après malheurs et rancœurs,
La rose distille un parfum
Dans l'esprit qui calme son cœur,
Et tout conflit s'arrête enfin !

C'est l'épanouissement divin
Qui éclot puis grandit en soi,
Car le verre est fait pour le vin
Et chaque être humain pour la foi ;

Il vient en ces lieux pour connaître
Par les limites, l'Infini,
Cette cause qui le fait naître
Afin qu'il voit qu'il est béni !

LE MESSAGER

Oyez honnêtes gens à qui je dois parler !
N'est-il pas temps que les choses soient dévoilées ?
N'est-elle pas enfin apparue, la nouvelle ère
Durant laquelle on saura de manière claire
Tout ce qui désormais doit être révélé
Pour que le bien fasse disparaître les guerres ?

Entendez cet appel issu de l'univers,
Qui a traversé l'espace jusqu'à la terre
Pour y faire éclore, à chaque moment propice,
Les fleurs de l'amour ainsi que de la justice
Et celles de la sagesse et de sa lumière,
Afin que l'humanité rejette ses vices !

Comprenez ce qu'elle aura comme bénéfices,
Si c'est l'équité qui construit ses édifices
Où seuls y logeront la solidarité
Et le profond savoir de la fraternité
Qui pourront faire cesser tous les maléfices
Que son égocentrisme a partout projeté !

Découvrez désormais ce qu'est votre entité
Qui est entrée en votre corps pour l'habiter
Et vous permettre de vivre et de vous mouvoir,
De connaître le monde et de vous émouvoir
Autant de sombres afflictions que de gaietés
Dont le but est que vous maîtrisiez vos pouvoirs !

Écoutez ce qu'enfin vous devez recevoir
Comme révélations indiquant vos devoirs,
Cette vérité qui fera de vous des sages,
Si ce n'est des puissants savants ou des rois mages,
Dès que vous aurez fait bien mieux que l'entrevoir
En découvrant que l'âme existe et est sans âge !

Oui ! Dieu nous a vraiment créés à son image
Et, cela, pour que nous puissions lui rendre hommage
Car d'une source ne peut jaillir qu'elle-même,
Maxime dont la divulgation est suprême !
C'est donc là mon sublime et merveilleux message,
Le plus grand de tous que présente ce poème !

DÉLIVRANCE

Pour celui qui sait pleurer sans cri ni torpeur,
Sans honte ou crainte de choquer les jugements ;
Pour celui qui avoue ses faiblesses et peurs,
Et corrige ainsi ses nombreux égarements ;

Pour celui qui agit par solidarité
Même s'il en subit haine et mépris d'autrui ;
Pour celui qui œuvre au nom de la liberté
Même s'il sait que ce qu'il crée sera détruit ;

Pour celui qui croit en sa vie malgré ses doutes,
Malgré des conditions ardues ou abîmées ;
Pour celui qui affronte et qui met en déroute
Ses propres vils désirs qui veulent s'affirmer ;

Pour celui qui fait de la tranquille patience
L'un des plus brillants joyaux de son caractère ;
Pour celui qui a toujours vaillamment confiance
En la bonne cause de sa venue sur terre ;

Pour celui qui lutte pour tous comme pour lui,
Afin d'effacer les injustes différences ;
Pour celui qui sait voir en tout que Dieu le suit,
Son être entier atteint enfin la délivrance !

TABLEAU DE L'ÊTRE

Au sol sont étendues l'ignorance et la haine
Qui raclent de leurs ongles, la croûte du monde
Pour accaparer, en causant d'immenses peines,
Ce qui peut plaire à leur cupidité immonde.

Un peu moins bas y sont actives les pensées
Qui analysent les conditions de la vie
Et gaspillent, souvent, l'énergie dépensée
En réalisant leurs plus mauvaises envies.

Plus haut encore palpite un cœur de tendresse,
Animé par l'essence de l'âme de l'être,
Qui cherche l'amour, avec plus ou moins d'adresse,
Par le désir intense de mieux se connaître.

Au sommet, près du cadre sculpté et doré,
La conscience contemple un ciel ensoleillé
Et se rend compte qu'il l'incite à adorer
La lumière qu'elle reçoit, émerveillée !

Au-delà du tableau, le peintre universel
Dont le pinceau cosmique a aussi peint la toile
Et tout ce que le cosmos contient ou recèle,
Se réjouit de son œuvre au milieu des étoiles !

TOI

Toi, là, présent, être vivant en toute magnificence,
Fait d'innombrables actions qui ont créé ton existence ;
Le corps plein de milliards de particules intelligentes
Qui œuvrent à ta présence, vives et copartageantes ;
Tu es partout sur la surface de notre belle terre,
Disséminé en moult pays agréables ou austères,
Démontrant en tout la sagesse immense de la nature
Dont tout de toi exprime avec puissance, la signature
De cette force intérieure qui se nomme la conscience
Et qui défie, depuis toujours, l'esprit étroit de la science.

Toi, l'exemplaire multiplié en chaque créature
Qui porte, en elle-même, les chefs-d'œuvre de sa structure
Où chaque détail a une fonction subtile et parfaite
Qui s'accorde à celle d'autres détails, du bas jusqu'au faîte,
Afin d'édifier un ensemble corporel efficace
Recouvert de peau, de poils, d'écailles ou de carapace,
Tu montres aux autres entités, ta matérialité
Dont elles ont oublié ce qui cause sa réalité,
Et tu explores le monde de différentes manières
En vivant en mer ou sur terre dans des maisons de pierre.

Toi, construit par le grand savoir des causes et des effets
Qui, en tous les endroits concrets de ce que tu es, t'a fait
En utilisant, à l'évidence, la sagesse immense
Dont tout provient, ce qui est certitude, et d'où tout commence,
Tu prouves que c'est une force prenant des décisions
En sachant bien agir avec minutie et précision,
Qui a élaboré, aux cours des siècles, tes fondations
Pour que tu deviennes le symbole et la démonstration
Que l'intelligence suprême qui traverse ton être,
Est également des galaxies et du cosmos, le maître !

MÉDITER

Méditer,
Quand la splendeur d'un coucher de soleil sur Paris,
Conduit la pensée dans les profondeurs de l'esprit.

Méditer,
Tel un pouvoir de recouvrer notre liberté,
Permet d'effacer nos nombreuses difficultés !

Méditer,
Plaisant acte d'âme qui remplit le cœur de paix,
L'esprit bien heureux de vivre enfin ce qui lui plaît !

Méditer,
En construisant par l'énergie de notre conscience
Tout ce qui mire de l'être, sa magnificence !

Méditer,
Pour alléger nos tensions puis les voir disparaître
Et se reposer tel un enfant qui vient de naître !

Méditer,
Pour entrer dans l'espace des lumières de soi
Et se rasseoir enfin sur notre trône de roi !

RÉFLEXIONS

Sommes-nous la propriété de quelqu'un
Ou de quelque chose, maître des destins ?
Tels des robots de dieux ou bien leurs pantins ?
Sont-ils plusieurs ou n'y en aurait-il qu'un ?

N'est-ce qu'un jeu dont nous sommes tous les pions
Où doit mourir le cerf et régner le lion ?
Chaque étoile n'est-elle qu'un trou dans un voile
Pour nous inciter à déchirer la toile
D'une illusion qui masque la vérité,
Et nous faire voir notre divinité ?

Sommes-nous simplement l'enjeu d'une enchère
Entre un dieu et un diable au corps de chair,
Nous obligeant par des vices infernaux,
À savoir duquel nous porterons l'anneau ?

N'est-il pas temps, désormais, de tout savoir,
Et de comprendre que l'amour c'est de voir
Et non l'aveuglement qui ne comprend rien
De ce que sont vraiment le mal et le bien ?
Âme ! Je t'en supplie ! Sauve-moi du doute !
Aide-moi à ne pas faire fausse route !

Soudain, dans le cœur de mon être, je vois
Que le père et le fils sont le même Roi !

LE LIVRE DIVIN

C'est le livre de Dieu que je lis en chacun ;
Sur les pages de l'homme s'écrit son histoire
Dès que naît un être que l'on nomme quelqu'un.
Pour le lire, non besoin d'art divinatoire !

La reliure maintient le corps où sont les mots ;
La couverture est l'apparence individuelle
Qui est identique quand ce sont des jumeaux.
Les feuilles sont les pensées de valeurs graduelles.

C'est la conscience divine qui jette l'ancre
Au fond de l'abîme du sang des créatures
Qui devient, ainsi de façon vivante, l'encre
Qu'elle utilise pour former son écriture.

L'esprit est à l'œuvre au centre de chaque lettre
Que sont les cellules qui construisent les phrases
Qui forment les membres et les têtes des êtres,
Dans le but que l'existence exprime ses phases.

C'est l'âme universelle qui anime en tout
La puissance de la vie qui crée les destins,
Afin que son ouvrage s'écrive partout
Et que son sommet de sagesse soit atteint.

C'est le livre de Dieu que je lis en chacun ;
Il est toujours le même en chaque individu,
Car dans l'infini cosmique il n'y en a qu'un
Venu faire lire que l'Amour est son dû !

AU JEUNE MATÉRIALISTE

Regarde tes mains, pauvre jeune homme avide,
Par le temps, déjà, elles se désintègrent
Car la vieillesse te laissera livide,
Et ta chair et tes muscles deviendront maigres.

Il est inutile de posséder tant
Et de croire éternel tout ce que tu voles
À tes frères et tes sœurs, jusqu'à leur temps,
Puisque tu verras de ton âme, l'envol,
Lorsque ton corps la libérera d'ici
Pour l'éloigner de l'épreuve des soucis.

Contemple cette éphémérité de tout
Qui peut te faire comprendre l'essentiel
Qui est, pour ta vie, le meilleur des atouts
Avant que ton esprit rejoigne le ciel.

Il est vain de chercher beaucoup de richesses
Pour ta courte existence, unique et physique,
Puisque tu perdras, en plus de ta jeunesse,
L'ensemble de tes biens qui n'ont d'idyllique
Que l'illusion qu'ils sont, fourbe et insidieuse,
Au vrai but de rendre ta conscience pieuse !

Ne désespère pas, aie confiance en toi,
Et regarde le miracle de ton être
Qui disparaîtra comme passent les joies,
En sa dimension matérielle et terrestre.

Plus tu désires d'opulence en ce monde,
Plus tu oublies tes merveilles intérieures ;
Pourtant, il faut que chaque jour tu te sondes
Pour découvrir tes fortunes supérieures
Qui combleront tellement tes nombreux manques,
Que tu sauras que tu es ta propre banque !

LA VOIE DU CIEL

Heureusement, lorsqu'en moi stagne la souffrance
Qui, de son noir épais, me conduit à l'errance,
C'est l'obscurité de la nuit qui apparaît
Lorsqu'enfin le soleil éclatant disparaît.

La voûte céleste remplissant mon regard
Qui, quelques secondes plus tôt, était hagard,
De ses multiples lucioles universelles
Ou anges aux ailes de mâles et femelles,
Recouvre de ses astres et de ses étoiles,
Le chagrin profond qui m'enrobe de son voile.

C'est à cet instant que face aux cieux infinis,
Je ressens que ma lutte, sur terre, est finie,
Tant cela montre enfin l'extrême petitesse
De mes limites qui m'écrasaient de tristesse.

Chaque point lumineux dans l'espace du soir,
Se multipliant tels des reflets de miroirs
Qui se renvoient tout ce qu'ils reçoivent en eux,
Semble défaire, en moi, l'ensemble de mes nœuds
Et me rendre autant vaste que cet univers
Qui procure à mon esprit la joie d'être ouvert ;

Ce n'est qu'à ce moment de tendre infinité,
Que je sens recevoir du ciel, ma liberté,
Et pouvoir sauver mon être de ses douleurs
Qui le frappent et l'isolent dans le malheur ;

Puis le jour revient dans sa luminosité,
Et resplendit de son immatérialité
Pour éclairer le monde et animer les vies
Dont rien n'a le pouvoir d'arrêter les envies.
Si je suis heureux durant ces belles journées,
Il me faut me souvenir pourquoi je suis né :
Prendre conscience que le cosmos infini
Est à l'intérieur de soi et nous définit !

Mais si je suis mélancolique ou malheureux,
Je sais que dès le soir je pourrais être heureux
En contemplant cette vastitude des cieux
Dont les scintillements sont les appels de Dieu !

TANT

Tant qu'il y aura trop d'hommes qui ne verront pas le ciel
De ne s'intéresser qu'aux sens et qu'à projeter leur fiel,
De ne désirer qu'amasser des trésors d'argent et d'or,
Même lorsqu'ils sont assoupis ou que leur conscience dort,
Ou d'être hypnotisés uniquement par les joies physiques
Sans comprendre qu'elles proviennent aussi des lieux cosmiques.

Tant qu'il y aura trop d'hommes ignorant la voie lactée
De ne rêver que de choses de la matérialité,
De ne chercher qu'à se satisfaire par les biens du corps
Jusqu'à même injecter, dans leurs veines, des produits de mort,
Ou de ne s'attacher qu'à vouloir plaire pour penser être
Sans ressentir qu'il y a, en soi, tous les secrets de l'Être.

Tant qu'il y aura trop d'hommes oubliant qu'ils sont dans l'espace
De ne vivre qu'au niveau de leur taille avant qu'ils trépassent,
De ne s'affairer qu'à vaincre ou dépasser leurs concurrents
Même s'il est vrai qu'ils leur causent des pépins récurrents,
Ou de ne préférer qu'être des jouisseurs ou des pervers,
Le monde souffrira d'être séparé de l'univers !

LOGIQUE SPIRITUELLE

Pour que devienne consciente l'immensité,
Est nécessaire de connaître l'étroitesse
Ou, de ce qui est petit, la réalité,
Cela conduisant au début de la sagesse.

Sinon, il est impossible d'appréhender
Ce que sont les parties et ce qui est le tout,
Et, de même, de pouvoir enfin s'amender
Pour se libérer du mal qui règne partout.

Le bien c'est quand s'extrait, des concepts relatifs,
La conscience qui est venue les reconnaître
Depuis les temps les plus lointains et primitifs,
Afin de croire en l'Infini et d'y renaître.

Seule la comparaison permet de comprendre
Ce que sont les choses de par leurs différences,
Et permet, peu à peu, de ne plus se méprendre
En éprouvant que la suprême référence
Ne peut être, en fin de compte, que l'Absolu
D'où tout vient et où tout problème est résolu !

PARCOURS TERRESTRE

Cri,
Vie,
Naissance,
Présence,
Corps alerte,
Découvertes,
Mes aventures,
Ma signature,
Ma maturité,
Sans éternité !

J'aimais l'aigle qui plane
Dans le doux vent qui flâne ;
Le papillon qui se pose
Sur une fleur juste éclose ;
Le soleil brillant sur la mer
Et l'arc-en-ciel, bel éphémère.

J'aimais l'oiseau chanteur de l'espoir
À l'aube surgissant dans le noir ;
La chauve-souris allant se coucher
Quand l'hirondelle quitte sa nichée ;
L'arbre accueillant une fraîche bise
Venant le caresser à sa guise.

J'aimais le nuage rosé
À l'astre du soir, exposé ;
La fraîcheur du crépuscule
Quand le jour fuyant, recule
Et la nuit pour frémir
Avant de m'endormir.

J'aimais ainsi vivre,
Mais l'âge me livre,
Pieds et mains liés,
À son alliée,
La vieillesse
Sans hardiesse,
Puis mort
Du corps,
Fluides,
Vide...

Cri,
Vie,
Naissance,
Présence...

SIMILITUDE

La graine tombe à terre et elle est incarnée ;
C'est de l'arbre qu'elle est apparue et est née ;
Son aventure sera l'épanouissement ;
Un tronc et des branches, son accomplissement,
Seront l'architecture de son existence,
Image de son père et de ses compétences
Lançant au ciel, ses feuilles qui sont sa parure
Et sorties vaillamment sur sa longue membrure.

De cette petite boule sort ce destin
Qui n'est pas, ici, un passager clandestin,
Mais le fameux capitaine de son navire
Qui décide, seul, de son cap et où il vire
Pour ce voyage de l'histoire de sa vie
Et faire de ce qu'il est, un être ravi.
C'est la magnificence du pouvoir divin
Au savoir-faire infini qui n'est jamais vain !

L'âme arrive sur terre et s'incarne soudain ;
C'est de Dieu qu'elle descend pour son sort mondain.
Son aventure sera la reconnaissance
De qui elle est, but ultime de ses naissances.
Elle doit retrouver l'image de son père
Qui est en elle et que, jamais, elle ne perd,
Afin que l'univers puisse se contempler
Par les consciences des mondes qu'il a peuplés !

En chaque individu, de cette façon né
De l'union d'un corps et de l'esprit destiné
À comprendre qu'il est celui qui tient la barre
Pour se diriger, à l'opposé des barbares,
Vers son essence d'amour dont il est issu
Et fut, en ce plan, séparé à son insu,
C'est réellement l'Omniscience universelle
Qui attend impatiemment qu'il revienne à elle !

L'ÂME ET LE TEMPS

Le temps a frappé à la porte de mon corps
Pour y entrer avant que je lui dise oui !
Depuis longtemps, déjà, il enviait mes trésors
Qu'il est venu piller par une audace inouïe !

Mais savait-il qu'il pourrait subir la défense
De l'habitant qui s'est installé en ce lieu,
Dès l'instant où je suis venu, par ma naissance,
Comprendre sur terre qu'il faut rencontrer Dieu ?

Certes, il avait déjà pris beaucoup d'avance
À l'instant même où je suis devenu l'enfant
Devant, pour grandir, utiliser son essence
Dont le pouvoir est assurément triomphant !

Mais savait-il que même s'il crée le passé,
Les souvenirs combattent son avidité
Et volent dans les cieux avant que trépasser
Soit subit par les hommes aux vies limitées ?

Certes, il est nécessaire aux choses sur terre
Car, sans lui, rien ne peut prendre place en l'espace
Dans lequel il sème, de son coeur, les cratères
D'où jaillit tout ce qui a besoin de surface !

Mais savait-il que je deviendrai qui je suis
En cherchant à le fuir pour ne plus l'endurer,
Et qu'alors ce qu'il fait, par ses jours et ses nuits,
Ne peut vaincre l'âme qu'il ne peut capturer ?

Certes, il est impératif aux créations
Dont ensuite il détruit froidement l'existence,
Mais savait-il qu'il subirait sa reddition
Quand l'esprit lui opposerait sa résistance ?

Le temps a frappé à la porte de mon corps,
Sans savoir qu'il se perdrait à vouloir le faire,
Dans le labyrinthe du profond désaccord
De l'éternité qui peut de lui se défaire !

L'INÉVITABLE

L'être est né, il existe et se trouve présent
À l'endroit de son corps dont il est tributaire
Et, par lequel, il vivra des moments plaisants
Mais aussi d'autres plus durs et moins salutaires !

Rien ne peut lui faire dénier l'existence
De sa propre individualité dépendante
Qui a de nombreux besoins, telle une sentence
Prononcée par quelque justice transcendante !

Le fait est là, il ne peut que le constater ;
Il ne peut, alors, pas éviter cette loi
Votée par on ne sait quels puissants députés
D'une mystérieuse assemblée au tel emploi !

Il accepte d'emblée cette nécessité,
Car il aime se sentir vivant et mobile
Sans savoir, encore, quelles difficultés
Il va devoir affronter, ni pour quel mobile !

Tout en lui et autour de lui a une cause,
Plus encore, une logique et une fonction,
Exactement comme quelqu'un qui parle ou cause
Dans le but de formuler sa déclaration !

Par conséquent, tout contient des impératifs
Auxquels, pour vivre, il ne pourra pas déroger
Car la vie est un fabuleux dispositif
Qu'il faut suivre pour apprendre à se diriger !

Et soudain les douleurs et les malheurs arrivent ;
Ils ne sont pas tous pareils pour chaque personne,
Causant des peines physiques ou affectives
Et parfois ,des folies de gens qui déraisonnent !

Il y a donc une sorte de damnation
Qu'aucun être ne semble avoir vraiment choisi,
Et pourtant, ce n'est pas une malédiction,
C'est pour voir que de Dieu, chacun est le sosie !

Comment voir la lumière sans l'obscurité,
Savoir ce qui est grand sans ce qui est petit,
Infini sans ce qui s'avère limité
Et ce qui est pur sans ce qui est perverti ?

RÉINCARNATION

Dans le bel endroit que je vous décris,
Avec la conscience de mon esprit,
Il n'existe pas de temps mesuré,
Ni de soleil, ni de ciel azuré.

Il n'existe pas de choses mobiles,
Ni de matière plus ou moins fragile ;
Il n'existe pas de diversité,
Ni de forme de quelque densité.

Néanmoins, il y a une présence
Qui vraiment sans bouger, pourtant avance ;
Elle se dirige sans se mouvoir
Vers ce qu'elle commence à percevoir ;
C'est une âme qui va prendre refuge
Pour apparaître, par ce subterfuge,
Sur la planète des êtres humains
Dans un corps avec tête, pieds et mains.

Soudain, s'entend le cri d'un nouveau-né
Qui vient vivre, encore, sa destinée
Qui le conduira, par l'évolution,
Jusqu'au sein de son Illumination !

RYTHME EXISTENTIEL

Le vieillard est sans cheveux,
Sans force aussi et sans dents ;
Le bambin est sans cheveux
Comme sans force et sans dents.

Curieuse coïncidence,
De la mort à la naissance ;
Curieux sort de la vieillesse ;
Est-ce pour qu'un enfant naisse ?

Et qu'y a-t-il au milieu
Du début jusqu'à la fin ?
Un long combat laborieux
Pour nourrir au mieux sa faim,
Puis la perte des cheveux,
De la souplesse et des dents,
De la bonne vue des yeux
Et de leurs éclats ardents.

Mais au cours de ce parcours
Vibrant de vie et d'amour,
Tout âge porte en bagage,
Sa conscience qui voyage ;
Et rien n'est plus beau que vivre,
Et rien n'en est vraiment mieux,
Car c'est pour devenir libre
Qu'existe ce plan de Dieu !

REFUS MYSTIQUE

Je refuse de n'être qu'un passant
Sur cette planète des existences ;
C'est le pur sentiment que je ressens
Depuis que j'ai vécu l'adolescence.

Je refuse de n'être qu'un mortel
Dans ce vieil univers déconcertant ;
C'est par mon esprit que je me rebelle
Contre les forces du mal et du temps.

Je refuse donc de devoir passer
Parce que passent aussi toutes les choses,
Et qu'il faille forcément trépasser
Fatalement impuissant et morose.

Je refuse en conséquence la mort,
Criant de tout mon être et de ma voix,
Au pouvoir mystérieux créant les corps,
De m'accorder une meilleure voie !

Et de mon être alors indestructible,
Je lui offrirai l'ampleur de ma joie,
Montrant aux peuples qu'est bien accessible,
L'immortalité lorsqu'on a la foi !

FATALITÉ

Le temps ne pardonne pas au corps son usure
En le faisant devenir de la pourriture.

Le passé déchire lentement l'avenir
En morceaux plus ou moins petits de souvenirs.

Les regrets et les remords criblent les années
Qui malgré nous, se sont cruellement fanées.

La pendule arrête soudain sa comédie
À la rude fin du dernier acte inédit,
Et l'esprit quitte doucement son lieu sur terre
Pour retrouver celui d'où viennent les mystères !

CHEMIN DE CROIX

Ils ont cru pouvoir assombrir la lumière
En la courbant sous le lourd poids d'une croix,
L'invectivant par des injures grossières
En ces temps, où, seuls, les forts avaient des droits.

Le fardeau l'écrasait presque sous son bois
Pendant qu'il marchait, soulevant la poussière,
Devant une foule qui manquait de foi,
Autant saoule de calomnies que de bière.

Plus loin, un autre groupe priait sans joie,
Les genoux posés sur des marches de pierre,
Et implorait, pour le salut de son roi,
Une clémence divine singulière.

Ses pas terribles allaient parfois en arrière,
Faisant ralentir cet étrange convoi
Fait de soldats à cheval, d'allure altière,
Et du captif dont parlaient toutes les voix.

Un fouet frappait sa chair de coups adroits !
Plus méprisé que n'importe quelle proie,
Cet homme à l'immense âme particulière,
N'en avait pas de volonté rancunière.

Crucifié, sans peur, il ferma les paupières,
Son message ayant traversé les frontières
Afin que chacune et chacun, en Dieu, croit ;
Depuis ce jour, la foi christique s'accroît !

CIEL NOCTURNE

Ouverture vers l'infini universel,
Les cieux déposent dans les yeux contemplatifs,
Beaucoup plus scintillantes que les grains de sel,
Les splendeurs de moult étoiles aux éclats vifs.

Pouvoir cosmique défiant toutes les limites,
La puissance spatiale voyage vers tout,
Nourrit l'univers comme l'arbre, le palmite,
Et fait vibrer l'essence de la vie partout.

Qui oserait croire à l'unicité du monde
Lorsqu'il y a, pour l'esprit sain, cette évidence
D'une immensité sans fin que son regard sonde,
Fasciné et ébloui par tant d'abondance ?

L'espace intersidéral aux très nombreux astres,
Est bien le miroir de l'existence absolue
Dont parlèrent Jésus, Bouddha ou Zoroastre,
Où tout se reflète comme Dieu le voulut !

SPECTACLE NOCTURNE

L'un des plus beaux panoramas que j'ai pu voir,
Fut les milliards d'étoiles de la voie lactée,
Qui s'étendaient dans les vagues du cosmos noir,
L'Himalaya semblant les avoir éjectés
De ses sommets dont la neige est immaculée
En sa scintillante blancheur non éculée.

Comment pouvoir décrire une telle émotion
Tant sa splendeur est d'une puissance infinie,
Si ce n'est par l'incommensurable ambition
Du poète dont l'art ne peut être fini
Que lorsqu'il n'aura plus son cœur posé sur terre,
Pour en écrire les beautés et les mystères.

Il y avait, là, ce seigneur blanc montagneux
Couronné par la scintillante galaxie,
Telle l'œuvre d'un artiste peintre soigneux,
Au talent issu d'un état d'ataraxie
Indispensable afin de pouvoir retranscrire
Une telle beauté émouvante à écrire !

Ma conscience reflétait ces diamants du ciel
Dont la nuit était l'écrin de mise en valeur ;
Et leur mille éclats aux couleurs des arcs-en-ciel
Ne pouvaient faire de moi leur vil recéleur
Car j'avais, de suite, l'envie de dire au monde
Que dans nos cieux les somptuosités abondent.

Quel grand bonheur d'exprimer ces magnificences
Que l'univers expose en son infinitude
En émerveillant autant l'âme que les sens
Sans jamais être la cause de lassitude ;
Et quel grand enseignement pour l'esprit humain,
Qui peut ainsi récolter plus que par ses mains !

L'univers est une énigme pour la conscience
Et une beauté qui ne peut avoir de fin,
Malgré les nombreux efforts des hommes de science
Pour rassasier de leur curiosité, la faim ;
C'est une très grande chance de le savoir
Pour trouver, en soi, l'être plutôt que l'avoir !

QUI ?

Qui fait battre notre cœur dans notre poitrine ?
Qui regarde son reflet dans une vitrine ?
Qui élabore nos pensées dans notre tête ?
Qui attend la gloire quand il est un athlète ?
Qui fait agir le corps ? Qui en a le pouvoir ?
Qui pour faire un geste, se met à se mouvoir ?
Qui décide de dire non, ou peut-être, ou oui ?
Qui ressent les émotions qui viennent en lui ?
Qui est capable de construire la mémoire ?
Qui sait qu'il a des droits mais aussi des devoirs ?
Qui se lève le matin en ouvrant les yeux ?
Qui s'étonne de se voir chaque jour plus vieux ?
Qui fait grandir l'enfant lorsqu'il est en croissance ?
Qui le fait respirer lorsque vient sa naissance ?
Qui, au fond de soi, vibre de peur ou d'envie ?
Qui fait que nous soyons présents pour notre vie ?
Qui émet les sentiments qui sont en lui-même ?
Qui est capable de résoudre des problèmes ?
Qui, en soi, a la capacité de connaître ?
Qui est-il, lui, capable de cela ? Quel être ?

LE TRÉSOR DE LA VÉRITÉ

Des scientifiques se pensent être des dieux
Alors qu'ils ne sont que des manipulateurs
Qui n'ont toujours pas assimilé que c'est Dieu
Qui est l'unique et l'authentique créateur !

Des artistes, également, ne font pas mieux
En n'étant que de talentueux découvreurs
De ce qui fut créé dans les temps les plus vieux
Et donné à tous par Le céleste livreur !

Des savants et des serviteurs des arts divers
Ont pourtant de réelles bonnes intentions,
Quand d'autres de leurs mobiles, cachent l'envers
Et causent des dévastatrices pollutions !

La fortune n'est sûrement pas la matière
Ni même, d'ailleurs, toutes sortes d'inventions ;
Elle est dans le retour de soi en l'âme entière,
En pratiquant la foi et la méditation !

La lumière cosmique allume les étoiles
Et montre de l'espace, son infinitude,
Afin que la vérité des cieux se dévoile
Aux êtres et les libère des servitudes !

RÉFLEXION MYSTIQUE

Nous sommes enfermés dans une boîte ;
L'air y est humide et rend nos mains moites ;
Sa surface fait cent mètres carrés ;
Ses murs ont des couleurs d'aspects moirés ;
Il n'y a pas de fenêtres ou de portes
Afin que personne n'entre ou ne sorte ;
Le sol par endroits descend et remonte ;
S'y trouvent deux armoires mastodontes,
Décorées de dorures magnifiques,
Et de nombreux dessins géométriques ;
Parfois surgissent d'un coin du plafond,
Des éclairs qui se font et se défont ;
Heureusement sans des bruits de tonnerre
Semblant jaillir d'un monstre imaginaire.
Adossé le long d'un mur, trône un siège
Fait de bois dur et recouvert de liège ;

Voilà donc ce décor imaginé
Dans lequel nous dirons y être nés
Pour y vivre le temps de nos années,
Comme si nous y étions condamnés.
Nous ne mesurons que sept millimètres
Même si c'est difficile à admettre.
Tout nous semble en conséquence très grand,
Autant que l'espace vide flagrant
Où nous avançons telles des fourmis,
À la même taille qu'elles, soumis.
Quelle est donc notre conception du monde ?
Ce lieu où aucune chose n'abonde !

Pourtant, un trou permet un sort meilleur
Sur l'un des murs, d'où l'on peut voir ailleurs,
À l'extérieur de ce pauvre univers,
Où se trouvent des vallées et monts verts
Entourés du cosmos et des étoiles
Dont l'éclat est parfois peint sur des toiles.
Mais qui le cherche, hors ses habitudes,
Et qui en fait une sérieuse étude ?
Notre petitesse est-elle une excuse ?
Évidemment que non, je le récuse !

Il y a en soi une telle porte,
Un accès libre, de la même sorte,
Qui permet yeux fermés, en méditant,
De sortir des limitations du temps ;
Il est nécessaire d'y concentrer
Tout notre esprit pour pouvoir y entrer,
Hors des désirs et de toutes pensées
Ainsi que des images du passé.
Ensuite, par notre persévérance
Nous savons où est notre délivrance !

LE SERMON

Vraiment, maintenant cela suffit
Que des vérités tu fasses fi ;
Il est temps de voir ce que tu vois
Et de comprendre quelle est ta voie !

Tu vis en ce joli monde ci,
Oyant, sentant et voyant aussi !
Donc, reconnais que c'est un miracle
Et arrête ta propre débâcle !

Tu ne te poses pas de questions !
N'est pas raisonnable ce bastion
Que tu as créé mentalement
Pour résister aux bons jugements !

Contemple l'énergie merveilleuse
Qui a construit ton corps, pourvoyeuse,
Et qui te permet ta vie mobile
Comme d'être une personne habile !

Ne crois pas que c'est dû au hasard
Ou pour ta conscience, trop bizarre,
Car il est simple de constater
Qu'un grand savoir t'a fait exister !

Chacune des parties de ton être
Fut créée pour que tu puisses naître !
Des choix furent faits depuis des ères
Pour parvenir ainsi à te faire !

Tout est intelligence en ce monde.
Entre en toi pour que ton esprit sonde
Cette immense richesse intérieure
Qui, à tout, est vraiment supérieure !

Cesse de croire en matérialiste,
Et trouve de ton âme, la piste
Qui te mènera où tout est mieux,
Car tu es en vérité, un dieu !

LA CONSCIENCE DE SOI

Reconnaître que chaque chose nous affecte,
Que nous la trouvions bonne ou, au contraire, infecte,
Provient de la valeur que nous lui accordons ;
Capacité de juger qui est notre don.

Relativement à nos désirs et croyances,
Nous sommes le centre actif de nos expériences ;
Et sans celui-ci, elles n'ont pas d'existence
Comme pas d'estimation et pas d'importance.

Tout n'est ou n'agit que par relativité,
Et n'a de sens que celui qui lui est prêté
Par le jugement selon ce que l'on en pense
Et ainsi, selon ce que l'esprit lui dispense.

En conséquence, rien ne vaut quoi que ce soit
Si ce n'est pas catégorisé par le soi
Qui définit, par l'appréciation qu'il en a,
Si c'est pour sa vie, l'enfer ou le nirvana.

Nous concevons donc par ses divers éléments,
Que, quels que soient nos avis sensés ou déments,
Ce qui est l'essence de la réalité
Est qui nous sommes en notre intériorité.

Sans notre présence en notre merveilleux corps,
Qui perçoit autour de ce qu'il est, le décor,
Rien ne peut obtenir d'identification
Puisque rien ne reçoit de classification.

Ceci implique, si nous voulons nous connaître,
De devoir se voir au fond de soi pour y naître
Et retrouver ainsi la conscience de nous
Qui démontre que Dieu est déjà parmi nous !

LA VIE

La mort, patiente, attend que la vie paraisse,
Incapable d'être sans elle par paresse,
Afin de l'assiéger de son allié le temps
Dont l'œuvre tragique dévore les instants.

La vie paraît de ce qui la contient en lui,
Plus brillante et plus belle que de l'or en pluie,
Plus jaillissante que l'irruption des volcans
Lorsqu'elle fait éclater son obscur carcan.

Elle dessine partout les formes de son art
Auxquelles, sans cesse, elle offre un nouveau départ
Pour l'aventure de l'esprit universel
Qui, en ses innombrables pensées, la recèle.

Son intelligence profonde est sans limite,
Comme le prouvent les fourmis et les termites,
Et d'autres insectes encore, et les poissons,
Et les très grands chefs cuisiniers, maîtres des cuissons.

Le prouvent encore les fleurs et les oiseaux,
Les outils humains tels tournevis et ciseaux,
Les arbres et les coraux, comme les chevaux
Et tout ce qui, en étant animé, les vaut.

En tous lieux de ce monde elle agit et invente,
Construit et solutionne en étant captivante,
Et recouvre de ses couleurs, ses inventions
Pour lesquelles des peintres ont des dévotions.

Elle puise dans tous les nids de l'univers,
Les multiples éléments, variés et divers,
Qui la composent et l'animent d'existence
Tant que le temps leur accorde leur substance.

La mission qui lui est confiée, originelle,
Est de pouvoir démontrer qu'elle est éternelle,
Malgré l'effet des fallacieuses apparences
Imposant des questions pour vaincre l'ignorance.

Elle évolue sans cesse, en cherchant la sagesse
Qui la créa, de sa jeunesse à sa vieillesse,
Dans le but qu'elle redécouvre en elle-même,
La source qui partout la nourrit et la sème.

Elle se compose de multiplicité,
Afin de refuser son éphémérité
Qui la condamne, donc, à sa disparition
Malgré son évident pouvoir d'adaptation.

.../...

Aux confins cosmiques se perçoit son empreinte
Qui vibre même dans les étoiles éteintes,
Tel un chant infini qui voyage toujours
Pour faire naître ses mélodies au grand jour.

Elle est le trésor sans fin de l'éternité
Dont elle peut trahir l'invisibilité
Qui pourtant la récupère dès qu'elle meurt,
Car rien ne peut naître de ce qui ne demeure !

L'AMOUR

Tout ce qui se sépare, se perd, s'égare,
Comme un enfant dans la foule d'une gare,
Connaîtra la solitude et la souffrance,
Et l'inquiétude provoquée par l'errance.

La haine est le contraire de l'inclusion,
En fermant puis morcelant par exclusion,
Les forces de l'existence universelle
Que, seule, l'Unité contient ou recèle.

Tout ce qui refuse, crée une tension
Et ne peut, de lui, avoir une extension
Puisqu'il se recroqueville en lui-même
En ne récoltant que le vide qu'il sème.

Ce qui s'éloigne fait comme un élastique
Et reviendra soudain, par cette pratique,
À l'endroit absolu où sont ses racines
Qui le nourrissent de l'amour qui fascine.

Un mont n'est pas uniquement son sommet,
Ou même sa base à laquelle il se soumet,
Ou son centre qui lui est aussi précieux
Pour pouvoir exister et toucher les cieux.
...*/*...

Tout ce qui monte, en vérité redescend,
Et le présent est déjà ce qui est récent
Au sein de ce qui est la continuité,
Puisqu'aucun néant n'a de réalité.

Retrouver l'amour c'est retrouver le Tout
Qui vibre en son énergie de vie, partout,
Et c'est, ainsi, comme renaître à soi-même
En contemplant dans les yeux, l'Être Suprême !

SE TROUVER

Je ne peux pas ne pas exister !
Vous aussi, même si vous doutez !
Tout ce qui est ne vient pas d'un vide,
L'évidence en est vraiment limpide !

Est-ce que l'eau peut créer du vin,
Hormis par le Christ aux dons divins ?
Le printemps provient-il de l'hiver
Qui tue les fleurs et les arbres verts ?

Cela est évident et logique,
Non l'effet faux d'une rhétorique
Fallacieuse qui voudrait séduire
En cachant la vérité, et nuire !

D'où vient la lumière ? De la nuit ?
Sans nuage, d'où viendrait la pluie ?
Tout va et tout vient, certes, mais d'où ?
Le dur ne peut advenir du doux !

Et la conscience qui est en soi,
Qui fait que l'on sent, entend et voit,
Peut-elle venir de l'inconscience
Comme l'indique souvent la science ?

... /...

Rien ne peut provenir d'un néant,
Comme un ouvrage, d'un fainéant ;
Il est impossible de le nier
Et par conséquent, de le renier !

La lumière apparaît d'elle-même ;
Pour la conscience, il en est de même ;
Nous sommes nés pour les retrouver
Et, en notre âme, les éprouver !

MIRACLES

Tombé de son arbre, le gland gît sur le sol,
Immobile ou fixe peut-on croire, et bien non !
Autour de son cou, pousse une sorte de col
Qui descend jusqu'à la terre et se niche au fond
D'où sortiront bientôt une feuille et sa tige,
En prouvant que de ce qu'il est, rien ne se fige.

L'eau stagnante et tranquille semble inhabitée
Et ne se ride qu'au vent qui glisse sur elle,
Sans pouvoir se douter que s'y est invitée
Une colonie d'êtres mâles ou femelles ;
Difficile à savoir tant ils sont minuscules,
Venue on ne sait d'où ni par quelle formule.

Les œufs attendent sans bouger, au creux du nid,
Les courbes les formant, sont quasiment parfaites,
Tels des joyaux dans cet écrin par eux garni ;
Ils se craquèlent soudain, c'est donc jour de fête,
Et en sortent de magnifiques oisillons
Qui pourront voler plus haut que les papillons.

La mer balance ses vagues sur l'horizon,
Telle une offrande aux puissants rayons du soleil
Qui les évaporent, tirant leur cargaison
Dans les hauteurs du ciel qui n'ont pas leur pareil
Pour faire flotter les majestueux nuages
Qui, avant de devenir de la pluie, voyagent.
... / ...

S'ouvrent les corolles des crocus éveillés ;
D'un blanc éclatant, elles colorent les champs,
Parfument l'air face à l'abeille émerveillée
Dont les ailes font alors entendre leur chant
Aux étamines et aux pistils qui l'attirent
Afin qu'elle pollinise leur avenir.

Le pin vert géant domine de sa stature,
Les collines et le fleuve dans la vallée,
Ses pommes exposées telles des garnitures
Ou des savoureux fruits pouvant être avalés
Par des écureuils les mangeant à volonté,
Bienheureux que la nature ait tant de bonté.

Le poisson dessine sur le sable de mer,
Avec son museau, des cercles entrelacés,
Pour attirer celle qui deviendra la mère
De ses petits pondus par cette fiancée
Auparavant charmée par cette fleur marine,
Don d'amour sans parfum mais aussi sans épine.

Jésus s'approche de l'homme devenu froid ;
Il pose sa main sur celui-ci qui se lève
Et redevient vivant, joyeux, debout et droit,
Ressuscité par le Père d'Adam et d'Ève,
Afin d'être l'un des symboles de la foi
Que des croyants purs et pieux expriment parfois.

L'enfant qui vient de naître respire soudain ;
Il pousse un cri de souffrance annonçant sa vie
Par l'air l'animant qui le fera citadin
Ou fermier de campagne selon son envie,
Et la preuve qu'en ce beau jour, son existence
Provient d'une source douée d'omnipotence !

****

LUMIÈRE DE VERS

****

****

Patrick Édène

****